Katrin Ahlschläger

Einfache Sätze sicher schreiben

Altersangemessenes Übungsmaterial in zwei Differenzierungsstufen

Persen

Persen Verlag

Gedruckt wird auf umweltbewusst gefertigtem, chlorfrei gebleichtem und alterungsbeständigem Papier.

1. Auflage 2012

Illustrationen: Mele Brink
Satz: Satzpunkt Ursula Ewert GmbH, Bayreuth

ISBN: 978-3-403-23073-1

www.persen.de

Inhaltsverzeichnis

Vorwort

Subjekt, Prädikat, Objekt – eine Welt des Satzes, in der sich viele Schülerinnen und Schüler[1] nicht zurechtfinden.

Dieses Buch verzichtet absichtlich auf solche Begriffe und vernachlässigt die konkrete Arbeit an Satzgliedern. Schüler und Lehrer begeben sich hier auf eine operative Reise in die Satzwelt. Wie sind Sätze gebaut, wie werden sie formuliert? Wie können sie umgestellt, ergänzt oder variiert werden? Alltagssituationen rund um eine 6. Klasse, gespickt mit einer kleinen Portion Humor, bieten den Rahmen für einen **handlungsorientierten Umgang mit Sätzen**.

Mit diesem Buch erhalten auch Schüler mit Lernschwierigkeiten die Möglichkeit, sichere Vorstellungen von einem Satz zu erlangen und **einfache Sätze richtig zu schreiben**.

Es werden fünf verschiedene **Satzbauübungen** mit zahlreichen **Arbeitsblättern** angeboten. Jedes Arbeitsblatt steht in **zwei Differenzierungsstufen** zu Verfügung. Die Schwierigkeitsstufen sind jeweils durch die Symbole für Stufe 1 und Stufe 2 gekennzeichnet.

Zudem sind **Lösungsblätter** zur Selbstkontrolle und ein **Zusatzangebot** zur *Satzkorrektur* für leistungsstärkere Schüler vorhanden. Die Texte zur *Satzkorrektur* stammen aus den vorangehenden Satzbauübungen. Daher können dazu die entsprechenden Lösungsblätter aus dem Hauptteil verwendet werden.

Neben den Umstellungs- und Ergänzungsaufgaben liegt der Schwerpunkt bei der Übung *Satzformulierung*. Begleitet werden die Übungen von spielerischen und kreativen Elementen.

Das Buch richtet sich in erster Linie an die **Klassenstufe 5-6 der Förderschule** mit dem Schwerpunkt *Lernen*.

Ein Einsatz der Materialien ist jedoch auch an anderen Förderschulformen und in anderen Jahrgangsstufen denkbar.

1 Der Einfachheit halber wird im Folgenden nur die männliche Form verwendet, die weibliche Form ist jedoch selbstverständlich auch gemeint.

Name: ______________________ Datum: ______________

Mandy kommt mit einem Pflaster am Kopf morgens zu spät in die Schule.
Sie berichtet, was passiert ist.

Fällt euch etwas auf?

So viel Pech ...

Der Wecker klingelte Vor Schreck fiel ich fast aus dem Bett Ich ging ins Bad und wollte mir die Haare waschen Ich stellte das Wasser an Ich verteilte das Shampoo Ich wollte das Shampoo auswaschen Doch es kam kein Wasser mehr Mir lief das Shampoo schon in die Augen Ich konnte nichts mehr sehen Ich stieß mir den Kopf an der Tür Es tat sehr weh Meine Mutter hörte mich Sie kam schnell ins Badezimmer Sie holte einen Eimer mit Wasser aus der Küche Sie wusch mir damit die Haare Mir tat immer noch der Kopf weh An meinem Kopf war eine Wunde Es blutete Meine Mutter holte ein Pflaster Ich föhnte meine Haare und lief schnell zum Bus Der Bus fuhr vor meiner Nase los Ich musste auf den nächsten Bus warten Ich hatte heute Morgen so viel Pech Deswegen kam ich zu spät zur Schule

Aufgabe: ① Setze in dem Text die fehlenden Satzpunkte und unterstreiche die Satzanfänge.

② Schreibe den Text mit den Satzpunkten richtig ab.

Name: ____________________ Datum: ____________

Mandy kommt mit einem Pflaster am Kopf morgens zu spät in die Schule.
Sie berichtet, was passiert ist.

Fällt euch etwas auf?

So viel Pech ...

der Wecker klingelte vor Schreck fiel ich fast aus dem Bett ich ging ins Bad und wollte mir die Haare waschen ich stellte das Wasser an ich verteilte das Shampoo ich wollte das Shampoo auswaschen doch es kam kein Wasser mehr mir lief das Shampoo schon in die Augen ich konnte nichts mehr sehen ich stieß mir den Kopf an der Tür es tat sehr weh meine Mutter hörte mich sie kam schnell ins Badezimmer sie holte einen Eimer mit Wasser aus der Küche sie wusch mir damit die Haare mir tat immer noch der Kopf weh an meinem Kopf war eine Wunde es blutete meine Mutter holte ein Pflaster ich föhnte meine Haare und lief schnell zum Bus der Bus fuhr vor meiner Nase los ich musste auf den nächsten Bus warten ich hatte heute Morgen so viel Pech deswegen kam ich zu spät zur Schule

Aufgabe:

① Setze in dem Text die fehlenden Satzpunkte, unterstreiche die Satzanfänge und schreibe sie groß.

② Schreibe den Text mit den richtigen Satzanfängen und den Satzpunkten ab.

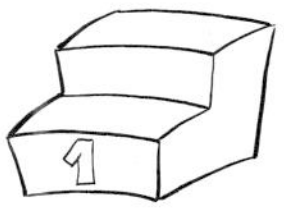

Name: ______________________ Datum: ______________

Kevin und Pascal möchten dieses Jahr eine Halloween-Party organisieren. Sie wollen mehr darüber wissen. Pascal sucht im Internet und findet folgenden Text. Was stimmt hier nicht?

Halloween

Das Fest Halloween stammt ursprünglich aus Irland Irische Auswanderer haben den Brauch in die USA gebracht Dort ist es heute neben Weihnachten und Thanksgiving eines der wichtigsten Feste

Einer Sage nach lebte einst in Irland der Bösewicht Jack Oldfield Dieser betrog den Teufel Nach seinem Tod kam er wegen seiner Schandtaten nicht in den Himmel Auch der Teufel ließ ihn nicht in die Hölle Er gab Jack eine ausgehöhlte Rübe und ein Stück glühende Kohle Damit konnte Jack durch das Dunkel wandern Man nannte ihn Jack O'Lantern

In den USA gab es weniger Rüben, dafür umso mehr Kürbisse Die Leute schnitzten Fratzen hinein, um Geister abzuschrecken

Jedes Jahr am 31. Oktober verkleiden sich heute Kinder und Erwachsene als Hexen, Monster, Vampire oder Geister Sie ziehen meist in kleinen Gruppen von Haus zu Haus Dabei rufen sie „Süßes oder Saures" Damit den Bewohnern kein Streich droht, geben sie den Kindern Süßigkeiten Viele Jugendliche und Erwachsene feiern schaurige Halloween-Partys mit gruseligen Überraschungen für die Gäste

Aufgabe: ① Setze in dem Text die fehlenden Satzpunkte und unterstreiche die Satzanfänge.

② Schreibe den Text mit den Satzpunkten richtig ab.

Name: ______________________ Datum: ______________

Kevin und Pascal möchten dieses Jahr eine Halloween-Party organisieren. Sie wollen mehr darüber wissen. Pascal sucht im Internet und findet folgenden Text. Was stimmt hier nicht?

Halloween

das Fest Halloween stammt ursprünglich aus Irland irische Auswanderer haben den Brauch in die USA gebracht dort ist es heute neben Weihnachten und Thanksgiving eines der wichtigsten Feste

einer Sage nach lebte einst in Irland der Bösewicht Jack Oldfield dieser betrog den Teufel nach seinem Tod kam er wegen seiner Schandtaten nicht in den Himmel auch der Teufel ließ ihn nicht in die Hölle er gab Jack eine ausgehöhlte Rübe und ein Stück glühende Kohle damit konnte Jack durch das Dunkel wandern man nannte ihn Jack O'Lantern

in den USA gab es weniger Rüben, dafür umso mehr Kürbisse die Leute schnitzten Fratzen hinein, um Geister abzuschrecken

jedes Jahr am 31. Oktober verkleiden sich heute Kinder und Erwachsene als Hexen, Monster, Vampire oder Geister sie ziehen meist in kleinen Gruppen von Haus zu Haus dabei rufen sie „Süßes oder Saures" damit den Bewohnern kein Streich droht, geben sie den Kindern Süßigkeiten viele Jugendliche und Erwachsene feiern schaurige Halloween-Partys mit gruseligen Überraschungen für die Gäste

Aufgabe:

① Setze in dem Text die fehlenden Satzpunkte, unterstreiche die Satzanfänge und schreibe sie groß.

② Schreibe den Text mit den richtigen Satzanfängen und den Satzpunkten ab.

Name: ______________________ Datum: ______________

Mohamed träumt von der Schule. Er schreibt seinen Traum auf.

Doch etwas fehlt …

Der Morgenmuffel

Es ist ein ganz normaler Montag Alle Schüler der Klasse 6a sind schon da Nur Frau Krumbiegel fehlt Matze ist noch müde und hat keine Lust auf Schule Auch Jenni möchte am liebsten wieder nach Hause gehen „Montags haben sowieso alle Lehrer schlechte Laune“, meint Jule Kevin schreibt noch schnell die Hausaufgaben ab Mandy hat ihre Federtasche vergessen Das mag Frau Krumbiegel überhaupt nicht In ihrem Rucksack findet sie wenigstens einen Bleistift Immer noch ist Frau Krumbiegel nicht da Vielleicht ist sie ja krank Pascal ist mufflig Außerdem knurrt sein Magen Er isst sein Frühstücksbrot Lena schreibt einen Brief an Felix Sie hört ein Schnarchen und alle müssen lachen Ole ist eingeschlafen Er träumt von einer Insel und Sonnenschein Plötzlich gibt es einen Knall Ole erschrickt Er fällt fast von seinem Stuhl Pascal hat eine Papiertüte zum Platzen gebracht Die Tür geht auf Frau Krumbiegel steht da und wundert sich Die Klasse brüllt: „Wir haben gar keine Lust auf Schule“ Das hat Frau Krumbiegel auch nicht Sie lädt alle Schüler zum Eisessen ein Nur der Morgenmuffel ist nicht dabei

Aufgabe:

① Setze in dem Text die fehlenden Satzpunkte und unterstreiche die Satzanfänge.

② Schreibe den Text mit den Satzpunkten richtig ab.

Name: ______________________ Datum: ______________

Mohamed träumt von der Schule. Er schreibt seinen Traum auf.

Doch etwas fehlt …

Der Morgenmuffel

es ist ein ganz normaler Montag alle Schüler der Klasse 6a sind schon da nur Frau Krumbiegel fehlt Matze ist noch müde und hat keine Lust auf Schule auch Jenni möchte am liebsten wieder nach Hause gehen „montags haben sowieso alle Lehrer schlechte Laune“, meint Jule kevin schreibt noch schnell die Hausaufgaben ab Mandy hat ihre Federtasche vergessen das mag Frau Krumbiegel überhaupt nicht in ihrem Rucksack findet sie wenigstens einen Bleistift immer noch ist Frau Krumbiegel nicht da vielleicht ist sie ja krank Pascal ist mufflig außerdem knurrt sein Magen er isst sein Frühstücksbrot Lena schreibt einen Brief an Felix sie hört ein Schnarchen und alle müssen lachen Ole ist eingeschlafen er träumt von einer Insel und Sonnenschein plötzlich gibt es einen Knall Ole erschrickt er fällt fast von seinem Stuhl Pascal hat eine Papiertüte zum Platzen gebracht die Tür geht auf frau Krumbiegel steht da und wundert sich die Klasse brüllt: „wir haben gar keine Lust auf Schule“ das hat Frau Krumbiegel auch nicht sie lädt alle Schüler zum Eisessen ein nur der Morgenmuffel ist nicht dabei

Aufgabe: ① Setze in dem Text die fehlenden Satzpunkte, unterstreiche die Satzanfänge und schreibe sie groß.

② Schreibe den Text mit den richtigen Satzanfängen und den Satzpunkten ab.

Name: ______________________ Datum: ______________

Matze berichtet im Chat von seinem Kinobesuch. Dabei hat er eine Kleinigkeit vergessen …

Raumschiff Galaxis

Ich war mit meinem Bruder Olli im Kino Wir sahen einen Science-Fiction-Film Der Film spielte in der Zukunft Die Menschen auf der Erde flogen mit kleinen Raumschiffen durch die Luft Autos gab es nicht mehr Für die Arbeit hatten die Menschen verschiedene Roboter entwickelt Die Kinder lernten zu Hause mit einem Computer als Lehrer Andere Planeten waren von seltsamen Wesen bewohnt Es gab auch Tiere und Pflanzen Einige Pflanzen konnten sogar sprechen Nicht alle Wesen waren friedlich Auf dem Planeten Merkon lebte ein Volk von Kriegern Ihr Anführer wollte Herrscher über alle Völker sein Mit riesigen Kampfmaschinen bedrohten sie andere Planeten Die Erdbewohner schickten ihr bestes Raumschiff auf Kurs, um dem Schrecken ein Ende zu bereiten Mit vielen Tricks und nach langen Kämpfen siegte das Raumschiff Galaxis über Merkon Der Anführer wurde gefangen genommen und das Kriegervolk von den Erdbewohnern überwacht So siegte das Gute

Nach dem Film war mein Bruder ganz aufgeregt „Glaubst du auch an Außerirdische?", fragte er mich „Da, schau am Himmel Ich glaube, dort fliegt gerade ein Ufo", antwortete ich und lachte

Aufgabe: ① Setze in dem Text die fehlenden Satzpunkte und unterstreiche die Satzanfänge.

② Schreibe den Text mit den Satzpunkten richtig ab.

Satzgrenzen AB 4

Name: ______________________ Datum: ______________

Matze berichtet im Chat von seinem Kinobesuch. Dabei hat er eine Kleinigkeit vergessen …

Raumschiff Galaxis

ich war mit meinem Bruder Olli im Kino wir sahen einen Science-Fiction-Film der Film spielte in der Zukunft die Menschen auf der Erde flogen mit kleinen Raumschiffen durch die Luft Autos gab es nicht mehr für die Arbeit hatten die Menschen verschiedene Roboter entwickelt die Kinder lernten zu Hause mit einem Computer als Lehrer andere Planeten waren von seltsamen Wesen bewohnt es gab auch Tiere und Pflanzen einige Pflanzen konnten sogar sprechen nicht alle Wesen waren friedlich auf dem Planeten Merkon lebte ein Volk von Kriegern ihr Anführer wollte Herrscher über alle Völker sein mit riesigen Kampfmaschinen bedrohten sie andere Planeten die Erdbewohner schickten ihr bestes Raumschiff auf Kurs, um dem Schrecken ein Ende zu bereiten mit vielen Tricks und nach langen Kämpfen siegte das Raumschiff Galaxis über Merkon der Anführer wurde gefangen genommen und das Kriegervolk von den Erdbewohnern überwacht so siegte das Gute

nach dem Film war mein Bruder ganz aufgeregt „glaubst du auch an Außerirdische?“, fragte er mich „da, schau am Himmel ich glaube, dort fliegt gerade ein Ufo“, antwortete ich und lachte

Aufgabe: ① Setze in dem Text die fehlenden Satzpunkte, unterstreiche die Satzanfänge und schreibe sie groß.

② Schreibe den Text mit den richtigen Satzanfängen und den Satzpunkten ab.

Name: ______________________ Datum: ______________

Im Deutschunterricht schreiben die Schüler über ihre Wünsche und Träume. Die Sätze klingen anders, wenn man sie umstellt.

Aufgabe: ① Unterstreiche im vorgegebenen Satz den neuen Satzanfang.

② Stell den Satz um und schreib ihn auf.

③ Welche Sätze klingen nun besser? Kreuze an.

1. Jule möchte einmal mit dem Heißluftballon fliegen.

   Einmal ______________________________

2. Herr Einstein reist im Sommer nach Feuerland.

   Im Sommer ______________________________

3. Mohamed will später in einer Pizzeria arbeiten.

   Später ______________________________

4. Felix hat sich am Wochenende einen Wunsch erfüllt.

   Am Wochenende ______________________________

5. Frau Krumbiegel könnte jeden Tag Spaghetti essen.

   Jeden Tag ______________________________

6. Ole und Pascal möchten immer Fußball spielen.

   Immer ______________________________

7. Mandy möchte bald den Mopedführerschein machen.

   Bald ______________________________

8. Lena möchte nächstes Jahr als Sängerin auftreten.

   Nächstes Jahr ______________________________

Name: ______________________ Datum: ____________

Im Deutschunterricht schreiben die Schüler über ihre Wünsche und Träume. Die Sätze klingen anders, wenn man sie umstellt.

Aufgabe: ① Unterstreiche in jedem Satz den neuen Satzanfang.

② Stell den Satz um. Achte darauf, den neuen Satzanfang großzuschreiben.

③ Welche Sätze klingen nun besser? Kreuze an.

1. Jule möchte einmal mit dem Heißluftballon fliegen.

____

2. Herr Einstein reist im Sommer nach Feuerland.

____

3. Mohamed will später in einer Pizzeria arbeiten.

____

4. Felix hat sich am Wochenende einen Wunsch erfüllt.

____

5. Frau Krumbiegel könnte jeden Tag Spaghetti essen.

____

6. Ole und Pascal möchten immer Fußball spielen.

____

7. Mandy möchte bald den Mopedführerschein machen.

____

8. Lena möchte nächstes Jahr als Sängerin auftreten.

____

Satzumstellung **AB 2**

Name: ______________________ Datum: ______________

Jenni erzählt in der Schule von der Arbeit ihrer Mutter.

Aufgabe: Stell die Sätze als Fragesätze um und schreib die neuen Satzanfänge groß.

Tipp: Die Satzanfänge sind schon vorgegeben.

1. Jennis Mutter **arbeitet** in einer Eishalle.

   Arbeitet ____?

2. Die Eishalle **hat** im Winter jeden Tag geöffnet.

   ____?

3. Deswegen **muss** Jennis Mutter viel arbeiten.

   ____?

4. Meistens **verkauft** sie dort Essen und Getränke im Kiosk.

   ____?

5. Am liebsten **kaufen** die Leute Pommes oder Würstchen.

   ____?

6. Jenni **besucht** ihre Mutter oft bei der Arbeit.

   ____?

7. Sie **kann** jetzt sehr gut Schlittschuh fahren.

   ____?

8. Jenni und ihre Freunde **haben** freien Eintritt.

   ____?

Name: ______________________ Datum: ______________

Jenni erzählt in der Schule von der Arbeit ihrer Mutter.

Aufgabe: Stell die Sätze als Fragesätze um.
Unterstreiche die neuen Satzanfänge, bevor du die Fragesätze aufschreibst.
Achte darauf, die neuen Satzanfänge großzuschreiben.

1. Jennis Mutter arbeitet in einer Eishalle.

   ____?

2. Die Eishalle hat im Winter jeden Tag geöffnet.

   ____?

3. Deswegen muss Jennis Mutter viel arbeiten.

   ____?

4. Meistens verkauft sie dort Essen und Getränke im Kiosk.

   ____?

5. Am liebsten kaufen die Leute Pommes oder Würstchen.

   ____?

6. Jenni besucht ihre Mutter oft bei der Arbeit.

   ____?

7. Sie kann jetzt sehr gut Schlittschuh fahren.

   ____?

8. Jenni und ihre Freunde haben freien Eintritt.

   ____?

Name: ______________________ Datum: ______________

Die Schüler berichten von ihrer Klassenfahrt.
Nur fangen die Sätze immer gleich an.

Aufgabe: ① Stell die Sätze um.

② Welcher Satz klingt für dich jeweils am besten? Kreuze an.

1. **Wir waren im Juni auf Klassenfahrt am Dümmer See.**

   Im Juni ______________________________.

   Auf Klassenfahrt ______________________________.

   Am Dümmer See ______________________________.

2. **Wir schliefen dort auf einem Campingplatz in Zelten.**

   Dort ______________________________.

   In Zelten ______________________________.

   Auf einem Campingplatz ______________________________.

3. **Frau Krumbiegel hatte mitten in der Nacht Besuch von einer Maus.**

   Mitten in der Nacht ______________________________.

   Besuch ______________________________.

   Hatte ______________________________?

4. **Frau Krumbiegel schrie deswegen plötzlich laut auf.**

   Deswegen ______________________________.

   Laut ______________________________.

   Plötzlich ______________________________.

5. **Herr Einstein suchte die ganze Nacht lang nach der kleinen Maus.**

   Die ganze Nacht lang ______________________________.

   Nach der kleinen Maus ______________________________.

   Suchte ______________________________?

6. **Herr Einstein war am nächsten Morgen sehr müde und launisch.**

   Am nächsten Morgen ______________________________.

   Sehr müde ______________________________.

   War ______________________________?

Name: ______________________ Datum: ______________

Die Schüler berichten von ihrer Klassenfahrt.
Nur fangen die Sätze immer gleich an.

Aufgabe: ① Stell die Sätze unterschiedlich um.
② Welcher Satz klingt für dich jeweils am besten? Kreuze an.

1. **Wir waren im Juni auf Klassenfahrt am Dümmer See.**

Im Juni ______________________________.

Am Dümmer See ______________________________.

______________________________.

2. **Wir schliefen dort auf einem Campingplatz in Zelten.**

______________________________.

______________________________.

______________________________.

3. **Frau Krumbiegel hatte mitten in der Nacht Besuch von einer Maus.**

______________________________.

______________________________.

______________________________?

4. **Frau Krumbiegel schrie deswegen plötzlich laut auf.**

______________________________.

______________________________.

______________________________.

5. **Herr Einstein suchte die ganze Nacht lang nach der kleinen Maus.**

______________________________.

______________________________.

______________________________?

6. **Herr Einstein war am nächsten Morgen sehr müde und launisch.**

______________________________.

______________________________.

______________________________?

Name: ______________________ Datum: ______________

Die Schüler beschreiben Berufe.
Doch es klingt nach verkehrter Welt.

Aufgabe: Stelle die Sätze richtig um.

1. Patienten untersuchen Ärzte.

____

2. Kinder betreuen Erzieher.

____

3. Diebe jagen Polizisten.

____

4. Schüler unterrichten Lehrer.

____

5. Blumen gießen Gärtner.

____

6. Kühe melken Bauern.

____

7. Fische fangen Angler.

____

8. Elefanten füttern Tierpfleger.

____

Name: ______________________ Datum: ______________

Die Schüler beschreiben Berufe.
Doch manches klingt nach verkehrter Welt.

Aufgabe: ① Stelle alle Sätze um.

② Welche Sätze sind nun richtig? Kreuze an.

❒ 1. Angler fangen Fische.

____

❒ 2. Diebe jagen Polizisten.

____

❒ 3. Patienten untersuchen Ärzte.

____

❒ 4. Schüler unterrichten Lehrer.

____

❒ 5. Gärtner gießen Blumen.

____

❒ 6. Elefanten füttern Tierpfleger.

____

❒ 7. Kinder betreuen Erzieher.

____

❒ 8. Bauern melken Kühe.

____

Name: ______________________ Datum: ______________

In einem Spiel überlegen sich die Schüler eine verkehrte Welt.

Aufgabe: ① Wie wäre es richtig? Stelle alle Sätze um.

② Welche Wörter ändern sich? Unterstreiche, was sich ändert.

1. An Äpfeln hängen Bäume.

____

2. Hunde reden mit Menschen.

____

3. Auf Haaren sprießen Köpfe.

____

4. Bälle spielen mit Kindern.

____

5. Computer arbeiten an Menschen.

____

6. Über Brücken führen Flüsse.

____

7. Aus Küken schlüpfen Eier.

____

8. In Blumen wachsen Töpfe.

____

Satzumstellung **AB 5**

Name: ______________________________ Datum: ______________

In einem Spiel überlegen sich die Schüler eine verkehrte Welt.

Aufgabe: ① Stelle alle Sätze um.

② Welche Sätze sind nun richtig? Kreuze an!

❒ 1. An Äpfeln hängen Bäume.

____

❒ 2. Hunde reden mit Menschen.

____

❒ 3. Auf Köpfen sprießen Haare.

____

❒ 4. Bälle spielen mit Kindern.

____

❒ 5. Menschen arbeiten an Computern.

____

❒ 6. Über Flüsse führen Brücken.

____

❒ 7. Aus Küken schlüpfen Eier.

____

❒ 8. In Töpfen wachsen Blumen.

____

Name: ______________________ Datum: ______________

Ole berichtet von einem Fahrraddiebstahl. Hilf ihm, die Sätze umzustellen.

Aufgabe: ① Entscheide, welche Sätze du umstellen möchtest.
Mögliche Satzanfänge sind schon vorgegeben.

② Schreibe den neuen Bericht komplett auf.
Achte darauf, die neuen Satzanfänge großzuschreiben.

Der Fahrraddiebstahl

Ich war **gestern** bei Pascal zu Hause.

Ich habe **zusammen** mit ihm Computer gespielt.

Ich wollte mit meinem Fahrrad nach Hause, **als** es dunkel wurde.

Mein Fahrrad hatte ich **vor** Pascals Haustür angeschlossen.

Mein Fahrrad war **aber** nicht mehr da.

Mein Fahrrad wurde **wahrscheinlich** von einem Dieb gestohlen.

Ich suchte **überall** nach meinem Fahrrad.

Ich und Pascal gingen **noch** am selben Tag zur Polizei.

Ich habe **dort** eine Anzeige aufgegeben.

Ich muss nun zu Fuß gehen, **weil** ich kein Fahrrad mehr habe.

Name: ______________________ Datum: ______________

Ole berichtet von einem Fahrraddiebstahl. Hilf ihm, die Sätze umzustellen.

Aufgabe:
① Entscheide, welche Sätze du umstellen möchtest.
② Unterstreiche in den vorgegebenen Sätzen die neuen Satzanfänge.
③ Schreibe den neuen Bericht komplett auf.
Achte darauf, die neuen Satzanfänge großzuschreiben.

Der Fahrraddiebstahl

Ich war gestern bei Pascal zu Hause.

Ich habe zusammen mit ihm Computer gespielt.

Ich wollte mit meinem Fahrrad nach Hause, als es dunkel wurde.

Mein Fahrrad hatte ich vor Pascals Haustür angeschlossen.

Mein Fahrrad war aber nicht mehr da.

Mein Fahrrad wurde wahrscheinlich von einem Dieb gestohlen.

Ich suchte überall nach meinem Fahrrad.

Ich und Pascal gingen noch am selben Tag zur Polizei.

Ich habe dort eine Anzeige aufgegeben.

Ich muss nun zu Fuß gehen, weil ich kein Fahrrad mehr habe.

Name: ______________________ Datum: ______________

Aufgabe: ① Ordne die Satzteile mithilfe von Ziffern (1–6). Der Satzanfang ist schon vorgegeben.

② Schreibe die Sätze richtig auf.

③ Welcher Satzteil steht immer an der gleichen Stelle? Unterstreiche diesen in jedem Satz.

1. | **Frau Krumbiegel** | der Klasse 6a. | die Lehrerin | ist |

____

2. | Mathematik. | am liebsten | unterrichtet | **Herr Einstein** |

____

3. | vier Mädchen | gibt es | sechs Jungen. | und | **In der Klasse 6a** |

____

4. | Sport | die Klasse | **Heute** | bei | hat | Herrn Pfiff. |

____

5. | zusammen | Fußball. | **Mohamed und Ole** | in der Pause | spielen |

____

6. | kauft | **Am Schulkiosk** | Lena | mit | Käse und Salami. | drei Brötchen |

____

Name: ______________________ Datum: ______________

Aufgabe: ① Ordne die Satzteile mithilfe von Ziffern (1–6).

② Schreibe die Sätze so auf, dass sie richtig klingen. Schreibe die Satzanfänge groß.

③ Welcher Satzteil steht immer an der gleichen Stelle? Unterstreiche diesen in jedem Satz.

1. Frau Krumbiegel | der Klasse 6a. | die Lehrerin | ist

____

2. Mathematik. | am liebsten | unterrichtet | Herr Einstein

____

3. vier Mädchen | gibt es | sechs Jungen. | und | in der Klasse 6a

____

4. Sport | die Klasse | heute | bei | hat | Herrn Pfiff.

____

5. zusammen | Fußball. | Mohamed und Ole | in der Pause | spielen

____

6. kauft | am Schulkiosk | Lena | mit | Käse und Salami. | drei Brötchen

____

Name: ______________________ Datum: ______________

Was war in der Disco los?

Aufgabe: ① Ordne die Satzteile mithilfe von Ziffern (1–8). Der Satzanfang ist vorgegeben.

② Schreibe die Sätze richtig auf.

1. Teenie-Disco | ist | **Jeden** | im | Freitag | „Blubb“.

____

2. treffen | am | sechs | sich | **Lena, Mandy und Jule** | Bahnhof. | um

____

3. zu | muss | Jenny | einer | Hause | Erkältung | bleiben. | **Wegen**

____

4. dem | **Mohamed** | Eingang. | und | warten | Pascal | vor

____

5. DJ | ersten | der | **Drinnen** | spielt | Songs. | die

____

6. wünscht | beim | sein | **Matze** | sich | Lieblingslied. | DJ

____

7. **Kevin** | zu | tanzt | coolen | Hip-Hop-Song. | einem

____

Name: ____________________ Datum: ____________________

Was war in der Disco los?

Aufgabe: ① Ordne die Satzteile mithilfe von Ziffern (1–8).

② Schreibe die Sätze so auf, dass sie richtig klingen. Achte darauf, die Satzanfänge großzuschreiben.

1. Teenie-Disco | ist | jeden | im | Freitag | „Blubb“

____

2. treffen | am | sechs | sich | Lena, Mandy und Jule | Bahnhof | um

____

3. zu | muss | Jenny | einer | Hause | Erkältung | bleiben | wegen

____

4. dem | Mohamed | Eingang | und | warten | Pascal | vor

____

5. DJ | ersten | der | drinnen | spielt | Songs | die

____

6. wünscht | beim | sein | Matze | sich | Lieblingslied | DJ

____

7. Kevin | zu | tanzt | coolen | Hip-Hop-Song | einem

____

Name: ______________________ Datum: ______________

Im Unterricht erzählen alle über ihre Hobbys.
Die Sätze wurden dann „geschüttelt“.

Aufgabe: ① Trenne die einzelnen Wörter mit Strichen ab.

② Ordne die Satzteile mithilfe von Ziffern (1–9) und setze den Satzpunkt. Der Satzanfang ist schon vorgegeben.

③ Schreibe die Sätze richtig auf.

1. Skateboard**Ole**gernefährt

____

2. gehenLenaundJennizusammenDiscoindie**Oft**

____

3. freiwilligenFeuerwehrderistMitglied**Mandy**

____

4. Nachmittag**Den**spieltganzenJuleComputeram

____

5. übtFelix**An**regelmäßigSchlagzeugseinem

____

6. **Jedes**fährtmitWochenendeFrauKrumbiegelAchterbahnder

____

7. seineundKeksegerneKuchenGästeHerrEinsteinbackt**Für**

____

8. undFußballzusammenVereinMohamedspielen**Kevin**im

____

Schüttelsätze

AB 3

Name: ______________________ Datum: ______________

Im Unterricht erzählen alle über ihre Hobbys.
Die Sätze wurden dann „geschüttelt“.

Aufgabe: ① Trenne die einzelnen Wörter mit Strichen ab.

② Ordne die Satzteile mithilfe von Ziffern (1–9) und setze den Satzpunkt.

③ Schreibe die Sätze so auf, dass sie richtig klingen. Achte darauf, den Satzanfang großzuschreiben.

1. SkateboardOlegernefährt

____

2. gehenLenaundJennizusammenDiscoindieoft

____

3. freiwilligenFeuerwehrderistMitgliedMandy

____

4. NachmittagdenspieltganzenJuleComputeram

____

5. übtFelixanregelmäßigSchlagzeugseinem

____

6. jedesfährtmitWochenendeFrauKrumbiegelAchterbahnder

____

7. seineundKeksegerneKuchenGästeHerrEinsteinbacktfür

____

8. undFußballzusammenVereinMohamedspielenKevinim

____

Name: ____________________ Datum: ____________

Welche Satzteile gehören zusammen?

Aufgabe: ① Ordne den Satzteilen auf der rechten Seite die richtigen Nummern zu.

② Schreibe den Text in ganzen Sätzen auf.

Das Konzert

1. Lena und Mandy finden	alle Songs von Katy Sherry.
2. Sie haben Karten	niemals vergessen.
3. Seit Wochen sind sie	mit dem Auto vom Konzert ab.
4. Sie kennen	die Sängerin Katy Sherry toll.
5. Zum Konzert dürfen sie	für das Konzert in Hamburg.
6. Mandys Eltern holen sie	alleine mit der Bahn fahren.
7. Das Konzert werden sie	deswegen aufgeregt.

Name: ______________________ Datum: ______________

Welche Satzteile gehören zusammen?

Aufgabe: ① Ordne den Satzteilen auf der rechten Seite die richtigen Nummern zu.
② Schreibe den Text in ganzen Sätzen auf.

Das Konzert

1. Lena und Mandy haben	ihr Taschengeld dafür gespart.
2. Zurzeit finden sie	sie bei Lena Karaoke.
3. Lenas Eltern besorgten	deswegen sehr aufgeregt.
4. Lange haben die Mädchen	von Mandys Eltern.
5. Seit Wochen sind sie	beide neue Klamotten gekauft.
6. Lena und Mandy kennen	viele Lieblingsstars.
7. Jeden Nachmittag üben	mit der Bahn nach Hamburg fahren.
8. Für das Konzert haben sich	Karten für das Konzert in Hamburg.
9. Sie dürfen alleine	das Konzert vergessen.
10. Abgeholt werden sie	die Sängerin Katy Sherry toll.
11. Niemals werden sie	alle Songs von Katy Sherry.

Name: ______________________ Datum: ______________

Matze hat im Fernsehen American Football gesehen. Nun versucht er Mohamed zu erklären, wie das Spiel funktioniert. Doch alles ist durcheinander. Was gehört zusammen?

Aufgabe: ① Ordne den Satzteilen auf der rechten Seite die richtigen Nummern zu.

② Schreibe den vollständigen Text über American Football.

American Football

1. Football	sind erlaubt.
2. Zwei Mannschaften	gehören elf Spieler.
3. Zu jeder Mannschaft	ist in den USA sehr beliebt.
4. Der eiförmige Lederball	tragen eine gute Schutzausrüstung.
5. Die Spieler	gewinnt das Spiel.
6. Körperliche Angriffe	dauert insgesamt 60 Minuten.
7. Alle Spieler	dürfen mit dem Ball laufen oder ihn werfen.
8. Die Mannschaft mit den meisten Punkten	muss in die gegnerische Endzone.
9. Ein Spiel	spielen gegeneinander.

Name: ______________________ Datum: ______________

Im Fernsehen hat Matze American Football gesehen. Nun versucht er Mohamed zu erklären, wie das Spiel funktioniert. Doch alles ist durcheinander. Was gehört zusammen?

Aufgabe: ① Ordne die Satzteile passend zueinander, indem du sie mit den richtigen Nummern kennzeichnest.

② Schreibe den vollständigen Text über American Football.

American Football

1. Football	tragen	erlaubt.
2. Zwei Mannschaften	sind	elf Spieler.
3. Zu jeder Mannschaft	spielen	in den USA sehr beliebt.
4. Der eiförmige Lederball	dauert	eine gute Schutzausrüstung.
5. Die Spieler	ist	das Spiel.
6. Körperliche Angriffe	gewinnt	insgesamt 60 Minuten.
7. Alle Spieler	muss	mit dem Ball laufen oder ihn werfen.
8. Die Mannschaft mit den meisten Punkten	dürfen	in die gegnerische Endzone.
9. Ein Spiel	gehören	gegeneinander.

Name: ______________________ Datum: ______________

Jule hat ihr Handy verloren. Sie war an verschiedenen Orten und versucht sich nun zu erinnern.

Aufgabe: ① Setze die Lagewörter aus dem Kasten richtig ein.

② Unterstreiche die Ortsangaben. Wo könnte das Handy sein?

Das verlorene Handy

1. Um sieben Uhr klingelte das Handy ______________ Jules Bett.

2. ______________ Bahnhof schaute sie auf ihrem Handy nach der Uhrzeit.

3. Dann hörte sie ______________ Zug damit Musik.

4. ______________ der Schule schaltete sie das Handy aus.

5. Sie legte das Handy ______________ ihre Sportsachen.

6. ______________ dem Schulhof blieb das Handy aus.

7. Nach dem Sportunterricht gingen Jule und Mandy ______________ einem Eiscafé.

8. Dort hängte Jule ihre Sporttasche ______________ einen Stuhl.

9. ______________ der Bushaltestelle wollte Jule ihren Freund anrufen.

10. Doch das Handy war nicht mehr ______________ ihren Sportsachen.

über – am – zu – im – neben – auf – in – an – unter – bei

Name: ______________________ Datum: ______________

Jule hat ihr Handy verloren. Sie war an verschiedenen Orten und versucht sich nun zu erinnern.

Aufgabe: ① Setze die fehlenden Wörter ein. Wofür werden sie benötigt?

② Unterstreiche die Ortsangaben. Wo könnte das Handy sein?

Das verlorene Handy

1. Um sieben Uhr klingelte das Handy ______________ Jules Bett.

2. ______________ Bahnhof schaute sie auf ihrem Handy nach der Uhrzeit.

3. Dann hörte sie ______________ Zug damit Musik.

4. ______________ der Schule schaltete sie das Handy aus.

5. Sie legte das Handy ______________ ihre Sportsachen.

6. ______________ dem Schulhof blieb das Handy aus.

7. Nach dem Sportunterricht gingen Jule und Mandy ______________ einem Eiscafé.

8. Dort hängte Jule ihre Sporttasche ______________ einen Stuhl.

9. ______________ der Bushaltestelle wollte Jule ihren Freund anrufen.

10. Doch das Handy war nicht mehr ______________ ihren Sportsachen.

Name: ____________________ Datum: ____________________

Die Klasse 6a macht einen Ausflug in den Kletterpark. Dabei passiert so einiges.

Aufgabe: ① Verändere die vorgegebenen Wörter so, dass die Sätze richtig klingen.

② Unterstreiche die Lagewörter.

Im Kletterpark

1. Im Kletterpark treffen sich alle vor ____________________.
   der Eingang
2. Herr Einstein führt die Klasse in ____________________.
   der Wald
3. Es hängen Seile zwischen ____________________.
   die Bäume
4. Jenni balanciert auf ____________________.
   das Seil
5. Frau Krumbiegel purzelt in ____________________.
   das Gras
6. Kevin klettert an ____________________.
   ein Felsen
7. Philipp springt von ____________________.
   eine Leiter
8. Er fällt auf ____________________.
   eine Matte
9. Jule und Mandy warten auf ____________________.
   eine Bank
10. Felix und Mohamed stehen vor ____________________.
    ein Kiosk

Name: ______________________ Datum: ______________

Die Klasse 6a macht einen Ausflug in den Kletterpark. Dabei passiert so einiges.

Aufgabe: ① Ergänze den Satz passend mit den Wörtern aus dem Kasten und verändere die vorgegebenen Wörter so, dass die Sätze richtig klingen.

② Unterstreiche die Lagewörter.

Im Kletterpark

1. Im Kletterpark treffen sich alle vor ______________________.
2. Herr Einstein führt die Klasse in ______________________.
3. Es hängen Seile zwischen ______________________.
4. Jenni balanciert auf ______________________.
5. Frau Krumbiegel purzelt in ______________________.
6. Kevin klettert an ______________________.
7. Philipp springt von ______________________.
8. Er fällt auf ______________________.
9. Jule und Mandy warten auf ______________________.
10. Felix und Mohamed stehen vor ______________________.

eine Matte – die Bäume – eine Bank – das Seil – eine Leiter –
der Eingang – ein Felsen – ein Kiosk – der Wald – das Gras

Name: ______________________ Datum: ______________

So könnte ein Tag bei dem Lehrer Herrn Einstein ablaufen.

Aufgabe: Setze die Zeitangaben in richtiger Reihenfolge ein.

Ein Tag bei Herrn Einstein

______________________ klingelt bei Herrn Einstein der Wecker.

______________________ rasiert sich Herr Einstein.

______________________ fährt Herr Einstein mit dem Auto zur Schule.

______________________ trinkt er einen Kaffee.

______________________ isst Herr Einstein Suppe in der Cafeteria.

______________________ fährt er einkaufen.

______________________ kontrolliert er zu Hause Klassenarbeiten.

______________________ schaut Herr Einstein Fernsehen.

______________________ liest Herr Einstein ein Buch.

______________________ geht er zu Bett.

Nachmittags – Nach dem Frühstück – Mittags – Jeden Morgen – Um zehn Uhr abends – In der Hofpause – Vor dem Schlafen – Um fünf Uhr früh – Nach dem Abendbrot – Nach der Schule

Name: ______________________ Datum: ____________

Aufgabe: Wie könnte ein Tag bei dem Lehrer Herrn Einstein verlaufen?
Ergänze die Sätze!

Ein Tag bei Herrn Einstein

Um fünf Uhr früh ______________________

Jeden Morgen ______________________

Nach dem Frühstück ______________________

In der Hofpause ______________________

Mittags ______________________

Nach der Schule ______________________

Nachmittags ______________________

Nach dem Abendbrot ______________________

Vor dem Schlafen ______________________

Um zehn Uhr abends ______________________

... schaut Herr Einstein Fernsehen. – ... rasiert sich Herr Einstein. –
... klingelt bei Herrn Einstein der Wecker. – ... geht er zu Bett. –
... fährt er einkaufen. – ... trinkt er einen Kaffee. –
... liest Herr Einstein ein Buch. – ... isst Herr Einstein Suppe in der Cafeteria. –
... fährt Herr Einstein mit dem Auto zur Schule. –
... kontrolliert er zu Hause Klassenarbeiten.

Name: ______________________ Datum: ______________

Aufgabe: Wähle jeweils eine Wortblase aus und bilde sechs verschiedene Sätze.

Herr Einsteins Ausflug

Herr Einstein **fährt**

- mit dem Fahrrad
- mit seinem Auto
- mit dem Zug
- nach Berlin
- nach Hause
- schnell
- langsam
- zu Freunden
- zu einer Geburtstagsfeier

Name: ______________________ Datum: ______________

Aufgabe: ① Wähle jeweils zwei Wortblasen aus und bilde damit einen sinnvollen Satz. Schreibe sechs verschiedene Sätze.

② Überlege dir weitere passende Wortblasen. Die Fragewörter helfen dir dabei.

Herr Einsteins Ausflug

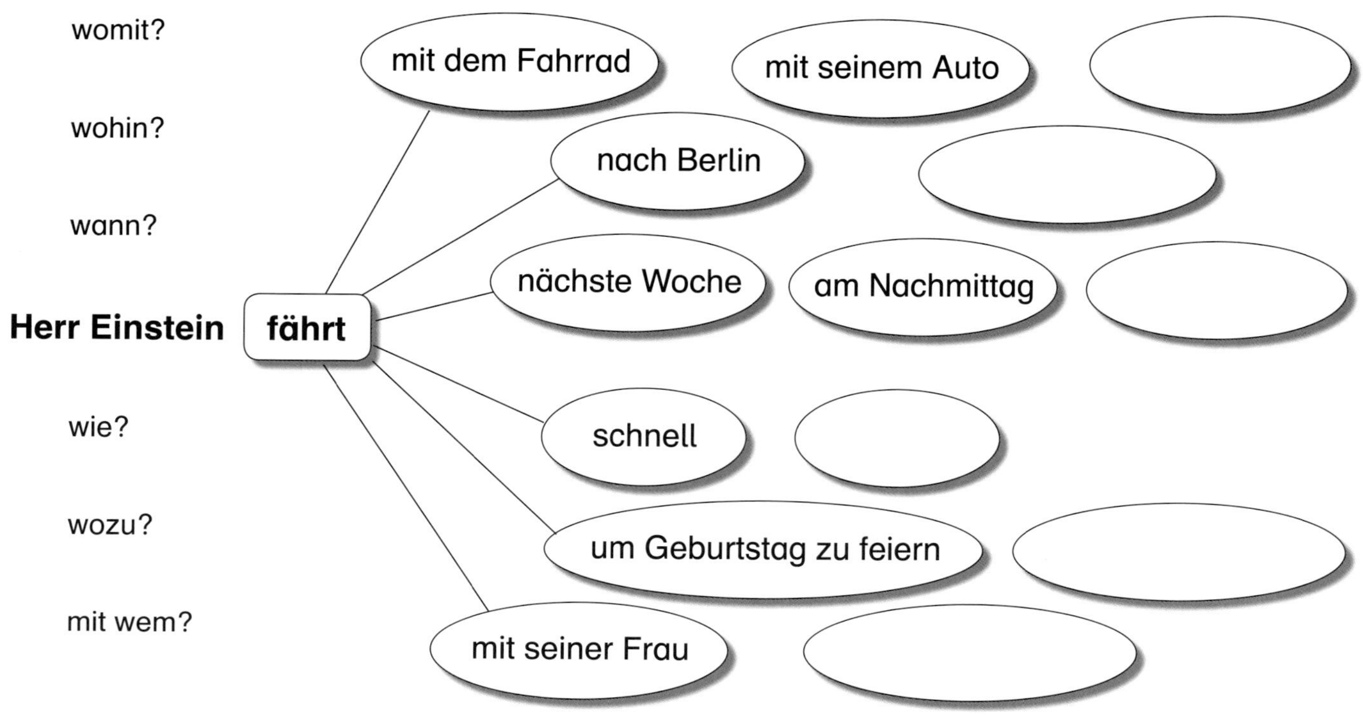

Name: ______________________ Datum: ______________

Aufgabe: Formuliere mithilfe der vorgegebenen Wörter einen passenden Satz zu jedem Bild.

Frau Krumbiegel – Tafel – Lappen – wischen – sauber

Herr Einstein – Bücher – austeilen

Ole – Radiergummi – Klassenraum – werfen

Mandy – Liebesbrief – schreiben

Name: ______________________________ Datum: ______________________

Aufgabe: ① Sammle Wörter, die zu den Bildern passen.

② Formuliere mit diesen Wörtern einen passenden Satz zu jedem Bild.

____

____

____

z. B. Frau Krumbiegel – Tafel …

____

____

____

____

____

____

____

____

____

Katrin Ahlschläger: Einfache Sätze sicher schreiben

Name: Datum:

Aufgabe: Formuliere mithilfe der vorgegebenen Wörter einen passenden Satz zu jedem Bild.

Mohamed – Tor – Fußball – schießen

Jenni – Lena – Disco – tanzen

Matze – Flugzeug – Papier – basteln

Herr Einstein – Kaffee – Lehrerzimmer – trinken

Satzformulierung AB 2

Name: ______________________ Datum: ______________

Aufgabe: ① Sammle Wörter, die zu den Bildern passen.

② Formuliere mit diesen Wörtern einen passenden Satz zu jedem Bild.

z. B. Mohamed – Fußball –

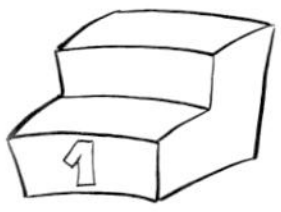

Name: ______________________ Datum: ______________

Aufgabe: Formuliere mit einigen der vorgegebenen Wörter einen passenden Satz zu jedem Bild.

____

____

____

Frau Krumbiegel – Sonnenschirm – Strand – Cocktail – sitzen – erholen – trinken

____

____

____

Jule – Oma – Computer – Internet – chatten – spielen – gewinnen

____

____

____

Kevin – Hund – Arm – Skateboard – fahren – festhalten – schnell

____

____

____

Herr Einstein – Friseur – Salon – Haar – Lockenwickler – sitzen

Name: ______________________ Datum: ______________

Aufgabe: ① Sammle mindestens sechs Wörter, die zu den Bildern passen.
② Formuliere mithilfe dieser Wörter einen Satz zu jedem Bild.

z. B. Frau Krumbiegel …

Name: ______________________ Datum: ______________

Aufgabe: Formuliere mit einigen der vorgegebenen Wörter einen passenden Satz zu jedem Bild.

Mandy – Kevin – Kino – Film – gehen – gucken – zusammen – verliebt

Felix – Hunger – Hamburger – Pommes – haben – essen – gerne

Frau Krumbiegel – Bühne – Lied – Mikrofon – Zuschauer – singen

Ole – Vater – Stadion – Fußballspiel – Fan – Mannschaft – anfeuern

Name: ______________________________ Datum: ____________________

Aufgabe: ① Sammle mindestens sechs Wörter, die zu den Bildern passen.

② Formuliere mithilfe dieser Wörter einen Satz zu jedem Bild.

____

____

____

z. B. Kino – verliebt …

____

____

____

____

____

____

____

____

____

Name: ______________________ Datum: ______________

Die Klasse 6a macht einen Ausflug auf den Hamburger Dom.

Aufgabe: Formuliere mit einigen der vorgegebenen Wörter einen passenden Satz zu jedem Bild.

Jenni – Lena – Spiegelkabinett –
lachen – aussehen – komisch

Herr Einstein – Frau Krumbiegel –
Geisterbahn – Angst – fürchten – gruselig

Mohamed – Achterbahn – fahren – übel – schlecht

Matze – Losbude – Kuscheltier – gewinnen – groß

Name: ______________________ Datum: ______________

Die Klasse 6a macht einen Ausflug auf den Hamburger Dom.

Aufgabe: ① Sammle mindestens sechs Wörter, die zu den Bildern passen.

② Formuliere mithilfe dieser Wörter einen Satz zu jedem Bild.

____

____

____

z. B. Spiegelkabinett – komisch …

____

____

____

____

____

____

____

____

____

Name: ______________________ Datum: ______________

Aufgabe: Schreibe mithilfe der vorgegebenen Wörter eine Bildergeschichte.

Helden

Kevin – Super-T – Fernsehen – Film – Fan – gucken – toll

Freunde – Fußball – T-Shirt – spielen – auslachen

Super-T – Himmel – fliegen – schauen – staunen

Schule – Klasse – tragen – erzählen

Name: ______________________ Datum: ______________

Aufgabe: ① Sammle zu jedem Bild passende Wörter.

② Schreibe eine Bildergeschichte.

Helden

z. B. Kevin – Super-T …

Name: ______________________ Datum: ______________

Aufgabe: ① Schreibe mithilfe der vorgegebenen Wörter eine Bildergeschichte.

② Überlege, wie die Geschichte weitergehen könnte.

Geld für die Klasse

Klassenkasse – Geld – fehlen – leer– traurig

Klasse – Schüler – Tafel – Ideen –
sich melden – sammeln – anschreiben

Pausenhalle – Schlange – verkaufen –
kosten – schnell – alle

Lehrerin – Geld – Summe – zählen –
einnehmen – sich freuen

Name: ______________________ Datum: ______________

Aufgabe: ① Sammle zu jedem Bild passende Wörter.
② Schreibe eine Bildergeschichte
③ Überlege, wie die Geschichte weitergehen könnte.

Geld für die Klasse

z. B. Klassenkasse – leer …

Katrin Ahlschläger: Einfache Sätze sicher schreiben

Zusatz Satzkorrektur — AB 1

Name: ______________________________ Datum: ________________

Findest du in jedem Satz den Fehler?

American Football

1. Football ist den USA sehr beliebt.
2. Zwei Mannschaften gegeneinander spielen.
3. zu jeder Mannschaft gehören elf Spieler.
4. Eiförmige Lederball muss in die gegnerische Endzone.
5. Die Spieler dürfen mit dem Ball laufen oder ihn werfen?
6. Körperliche Angriffe erlaubt.
7. Alle Spieler tragen eine gute, Schutzausrüstung.
8. Die Mannschaft mit den meisten Punkten das Spiel gewinnt.
9. Ein Spiel dauert insgesamt 60 Minuten

Aufgabe:

① Lies jeden Satz aufmerksam und kennzeichne den Fehler farbig.

② Hast du alle neun Fehler gefunden? Kontrolliere mit dem Lösungsblatt.
(siehe S. 71 Lösungsblatt Schüttelsätze AB 5)

Zusatz Satzkorrektur AB 2

Name: ______________________ Datum: ______________

Lies dir Herrn Einsteins Tagesablauf aufmerksam durch. Fällt dir etwas auf?

Ein Tag bei Herrn Einstein

Um fünf Uhr früh klingelt bei Herrn Einstein Wecker.

Jeden Morgen rasiert Herr Einstein.

nach dem Frühstück fährt Herr Einstein mit dem Auto zur Schule.

In der Hofpause trinkt einen Kaffee.

Mittags Herr Einstein isst Suppe in der Cafeteria.

Nach der Schule er fährt einkaufen.

Kontrolliert er nachmittags zu Hause Klassenarbeiten.

Dem Abendbrot schaut Herr Einstein Fernsehen.

Vor dem Schlafen liest Herr Einstein ein Buch

Um zehn Uhr abends gehen er zu Bett.

Aufgabe:

① Kennzeichne die Fehler im Satz farbig.

② Hast du alle zehn Fehler gefunden? Kontrolliere mit dem Lösungsblatt. (siehe S. 72 Lösungsblatt Satzergänzung AB 3)

Zusatz Satzkorrektur AB 3

Name: ______________________ Datum: ______________

In jedem Satz steckt ein Fehler. Viel Spaß bei der Suche!

Der Fahrraddiebstahl

Gestern ich bei Pascal zu Hause.

zusammen mit ihm habe ich Computer gespielt.

Als dunkel wurde, wollte ich mit meinem Fahrrad nach Hause.

Vor Pascals Haustür hatte mein Fahrrad angeschlossen.

Aber mein Fahrrad nicht mehr da war.

Wahrscheinlich wurde mein Fahrrad von Dieb gestohlen.

Überall suchte ich nach meinem.

Noch am selben Tag gingen Ich und Pascal zur Polizei.

Dort habe ich eine Anzeige aufgegeben,

Weil ich kein Fahrrad mehr habe, muss nun zu Fuß ich gehen.

Aufgabe:

① Lies den Text aufmerksam und kennzeichne die Fehler im Satz farbig.

② Hast du alle zehn Fehler gefunden? Kontrolliere mit dem Lösungsblatt. (siehe S. 68 Lösungsblatt Satzumstellung AB 6)

Name: ____________________ Datum: ____________

Kevin und Pascal haben in ihrem Text über Halloween ein paar Fehler übersehen. Kannst du ihnen helfen?

Halloween

Das Fest Halloween stammt ursprünglich Irland. Irische Auswanderer Haben den Brauch in die USA gebracht. Dort ist es heute neben Weihnachten und Thanksgiving eines der wichtigsten Feste?

Einer Sage nach einst in Irland der Bösewicht Jack Oldfield. Dieser betrog den Teufel. Nach seinem Tod kam er wegen seiner Schandtaten nicht den Himmel. Auch der Teufel ließ ihn nicht in die Hölle. er gab Jack eine ausgehöhlte Rübe und ein Stück glühende Kohle. Damit konnte Jack durch das Dunkel wandern. Man nannte ihn Jack O'Lantern,

In den USA gab es weniger Rüben, dafür umso mehr Kürbisse. Die Leute schnitzten Fratzen hinein, um Geister abzuschrecken.

Jedes Jahr am 31. Oktober verkleiden sich heute als Hexen, Monster, Vampire oder Geister. sie ziehen meist in kleinen Gruppen von Haus zu Haus. Dabei sie „Süßes oder Saures". Damit den Bewohnern kein Streich droht, geben sie den Kindern Süßigkeiten. Viele Jugendliche und Erwachsene schaurige Halloween-Partys mit gruseligen Überraschungen für die Gäste.

Aufgabe: ① Lies den Text aufmerksam und kennzeichne die Fehler im Satz farbig.

② Hast du alle zehn Fehler gefunden? Kontrolliere mit dem Lösungsblatt. (siehe S. 63 Lösungsblatt Satzgrenzen AB 2)

Zusatz Satzkorrektur AB 5

Name: ______________________________ Datum: ________________

Hier wird deine Hilfe gebraucht. Ein paar Sätze haben Fehler.

Raumschiff Galaxis

Ich war meinem Bruder Olli im Kino. Wir sahen Science-Fiction-Film. Der Film spielte in der Zukunft. Die Menschen auf der Erde flogen mit kleinen Raumschiffen durch die Luft. Autos gab es nicht mehr. Für die Arbeit hatten die Menschen entwickelt verschiedene Roboter. Die Kinder lernte zu Hause mit einem Computer als Lehrer. Andere Planeten waren von seltsamen Wesen bewohnt. Es gab auch Tiere Und Pflanzen. Einige Pflanzen konnten sogar sprechen. Nicht alle Wesen waren friedlich, Auf dem Planeten Merkon lebte ein Volk von Kriegern. Ihr Anführer wollte sein Herrscher über alle Völker. Mit riesigen Kampfmaschinen bedrohten sie andere Planet. Die Erdbewohner schickten ihr bestes Raumschiff auf Kurs, um dem Schrecken ein Ende zu bereiten. Mit vielen Tricks, und nach langen Kämpfen siegte das Raumschiff Galaxis über Merkon. Der Anführer wurde gefangen genommen und das Kriegervolk von den Erdbewohnern überwacht. so siegte das Gute.

Nach dem Film waren mein Bruder ganz aufgeregt. „Glaubst du auch an Außerirdische?“, fragte er mich. „Da, schau am Himmel. Ich glaube, dort fliegen gerade ein Ufo“, antwortete ich und lachte.

Aufgabe:

① Lies den Text aufmerksam und kennzeichne die Fehler im Satz farbig.

② Hast du alle zwölf Fehler gefunden? Kontrolliere mit dem Lösungsblatt. (siehe S. 64 Lösungsblatt Satzgrenzen AB 4)

Zusatz Satzkorrektur — AB 6

Name: ______________________________ Datum: ________________

Oje, so viele Fehler …

Fast in jedem Satz ist einer versteckt. Findest du alle?

Der Morgenmuffel

Es ist ein ganz normaler Montag. alle Schüler der Klasse 6a sind schon da. Nur Frau Krumbiegel fehlt. Matze ist noch müde, und hat keine Lust auf Schule. Auch Jenni am liebsten möchte wieder nach Hause gehen. „Montags haben sowieso alle Lehrer schlechte Laune“, meint Jule. Kevin schreibt noch schnell die Hausaufgaben ab. Mandy ihre Federtasche vergessen. Das mag Frau Krumbiegel überhaupt nicht? In ihrem Rucksack findet sie wenigstens Bleistift. Immer noch ist Frau Krumbiegel nicht da. vielleicht ist sie ja krank. Pascal ist mufflig. Außerdem sein Magen knurrt. Er isst sein Frühstücksbrot. Lena schreibt einen Brief Felix. Sie hört ein Schnarchen und alle lachen müssen. Ole ist eingeschlafen. Er träumt von einer Insel Sonnenschein. Plötzlich gibt es einen Knall. Ole erschrickt. fällt fast von seinem Stuhl. Pascal hat eine Papiertüte zum Platzen gebracht, Die Tür geht auf. frau Krumbiegel steht da und wundert sich. Die Klasse brüllt: „Wir haben gar keine Lust Schule.“ Das hat Frau Krumbiegel auch nicht. Sie lädt alle Schüler zum Eisessen ein. Nur der Morgenmuffel Ist nicht dabei.

Aufgabe:

① Lies den Text aufmerksam und kennzeichne die Fehler im Satz farbig.

② Hast du alle 16 Fehler gefunden? Kontrolliere mit dem Lösungsblatt. (siehe S. 64 Lösungsblatt Satzgrenzen AB 3)

So viel Pech ...

Der Wecker klingelte. Vor Schreck fiel ich fast aus dem Bett. Ich ging ins Bad und wollte mir die Haare waschen. Ich stellte das Wasser an. Ich verteilte das Shampoo. Ich wollte das Shampoo auswaschen. Doch es kam kein Wasser mehr. Mir lief das Shampoo schon in die Augen. Ich konnte nichts mehr sehen. Ich stieß mir den Kopf an der Tür. Es tat sehr weh. Meine Mutter hörte mich. Sie kam schnell ins Badezimmer. Sie holte einen Eimer mit Wasser aus der Küche. Sie wusch mir damit die Haare. Mir tat immer noch der Kopf weh. An meinem Kopf war eine Wunde. Es blutete. Meine Mutter holte ein Pflaster. Ich föhnte meine Haare und lief schnell zum Bus. Der Bus fuhr vor meiner Nase los. Ich musste auf den nächsten Bus warten. Ich hatte heute Morgen so viel Pech. Deswegen kam ich zu spät zur Schule.

Halloween

Das Fest Halloween stammt ursprünglich aus Irland. Irische Auswanderer haben den Brauch in die USA gebracht. Dort ist es heute neben Weihnachten und Thanksgiving eines der wichtigsten Feste.

Einer Sage nach lebte einst in Irland der Bösewicht Jack Oldfield. Dieser betrog den Teufel. Nach seinem Tod kam er wegen seiner Schandtaten nicht in den Himmel. Auch der Teufel ließ ihn nicht in die Hölle. Er gab Jack eine ausgehöhlte Rübe und ein Stück glühende Kohle. Damit konnte Jack durch das Dunkel wandern. Man nannte ihn Jack O'Lantern.

In den USA gab es weniger Rüben, dafür umso mehr Kürbisse. Die Leute schnitzten Fratzen hinein, um Geister abzuschrecken.

Jedes Jahr am 31. Oktober verkleiden sich heute Kinder und Erwachsene als Hexen, Monster, Vampire oder Geister. Sie ziehen meist in kleinen Gruppen von Haus zu Haus. Dabei rufen sie „Süßes oder Saures“. Damit den Bewohnern kein Streich droht, geben sie den Kindern Süßigkeiten. Viele Jugendliche und Erwachsene feiern schaurige Halloween-Partys mit gruseligen Überraschungen für die Gäste.

Der Morgenmuffel

Es ist ein ganz normaler Montag. Alle Schüler der Klasse 6a sind schon da. Nur Frau Krumbiegel fehlt. Matze ist noch müde und hat keine Lust auf Schule. Auch Jenni möchte am liebsten wieder nach Hause gehen. „Montags haben sowieso alle Lehrer schlechte Laune“, meint Jule. Kevin schreibt noch schnell die Hausaufgaben ab. Mandy hat ihre Federtasche vergessen. Das mag Frau Krumbiegel überhaupt nicht. In ihrem Rucksack findet sie wenigstens einen Bleistift. Immer noch ist Frau Krumbiegel nicht da. Vielleicht ist sie ja krank. Pascal ist mufflig. Außerdem knurrt sein Magen. Er isst sein Frühstücksbrot. Lena schreibt einen Brief an Felix. Sie hört ein Schnarchen und alle müssen lachen. Ole ist eingeschlafen. Er träumt von einer Insel und Sonnenschein. Plötzlich gibt es einen Knall. Ole erschrickt. Er fällt fast von seinem Stuhl. Pascal hat eine Papiertüte zum Platzen gebracht. Die Tür geht auf. Frau Krumbiegel steht da und wundert sich. Die Klasse brüllt: „Wir haben gar keine Lust auf Schule.“ Das hat Frau Krumbiegel auch nicht. Sie lädt alle Schüler zum Eisessen ein. Nur der Morgenmuffel ist nicht dabei.

Raumschiff Galaxis

Ich war mit meinem Bruder Olli im Kino. Wir sahen einen Science-Fiction-Film. Der Film spielte in der Zukunft. Die Menschen auf der Erde flogen mit kleinen Raumschiffen durch die Luft. Autos gab es nicht mehr. Für die Arbeit hatten die Menschen verschiedenste Roboter entwickelt. Die Kinder lernten zu Hause mit einem Computer als Lehrer. Andere Planeten waren von seltsamen Wesen bewohnt. Es gab auch Tiere und Pflanzen. Einige Pflanzen konnten sogar sprechen. Nicht alle Wesen waren friedlich. Auf dem Planeten Merkon lebte ein Volk von Kriegern. Ihr Anführer wollte Herrscher über alle Völker sein. Mit riesigen Kampfmaschinen bedrohten sie andere Planeten. Die Erdbewohner schickten ihr bestes Raumschiff auf Kurs, um dem Schrecken ein Ende zu bereiten. Mit vielen Tricks und nach langen Kämpfen siegte das Raumschiff Galaxis über Merkon. Der Anführer wurde gefangen genommen und das Kriegervolk von den Erdbewohnern überwacht. So siegte das Gute.

Nach dem Film war mein Bruder ganz aufgeregt. „Glaubst du auch an Außerirdische?“, fragte er mich. „Da, schau am Himmel. Ich glaube, dort fliegt gerade ein Ufo“, antwortete ich und lachte.

Lösungsblatt Satzumstellung AB 1, Stufe 1

1. Einmal möchte Jule mit dem Heißluftballon fliegen.
2. Im Sommer reist Herr Einstein nach Feuerland.
3. Später will Mohamed in einer Pizzeria arbeiten.
4. Am Wochenende hat sich Felix einen Wunsch erfüllt.
5. Jeden Tag könnte Frau Krumbiegel Spaghetti essen.
6. Immer möchten Ole und Pascal Fußball spielen.
7. Bald möchte Mandy den Mopedführerschein machen.
8. Nächstes Jahr möchte Lena als Sängerin auftreten.

Lösungsblatt Satzumstellung AB 2, Stufe 1 und 2

1. Arbeitet Jennis Mutter in einer Eishalle?
2. Hat die Eishalle im Winter jeden Tag geöffnet?
3. Muss Jennis Mutter deswegen viel arbeiten?
4. Verkauft sie dort meistens Essen und Getränke im Kiosk?
5. Kaufen die Leute am liebsten Pommes oder Würstchen?
6. Besucht Jenni ihre Mutter oft bei der Arbeit?
7. Kann sie jetzt sehr gut Schlittschuh fahren?
8. Haben Jenni und ihre Freunde freien Eintritt?

1. Wir waren im Juni auf Klassenfahrt am Dümmer See.
   Im Juni waren wir auf Klassenfahrt am Dümmer See.
   Auf Klassenfahrt am Dümmer See waren wir im Juni.
   Am Dümmer See waren wir im Juni auf Klassenfahrt.

2. Wir schliefen dort auf einem Campingplatz in Zelten.
   Dort schliefen wir auf einem Campingplatz in Zelten.
   In Zelten schliefen wir dort auf einem Campingplatz.
   Auf einem Campingplatz schliefen wir dort in Zelten.

3. Frau Krumbiegel hatte mitten in der Nacht Besuch von einer Maus.
   Mitten in der Nacht hatte Frau Krumbiegel Besuch von einer Maus.
   Besuch von einer Maus hatte Frau Krumbiegel mitten in der Nacht.
   Hatte Frau Krumbiegel mitten in der Nacht Besuch von einer Maus?

4. Frau Krumbiegel schrie deswegen plötzlich laut auf.
   Deswegen schrie Frau Krumbiegel plötzlich laut auf.
   Laut schrie Frau Krumbiegel deswegen plötzlich auf.
   Plötzlich schrie Frau Krumbiegel deswegen laut auf.

5. Herr Einstein suchte die ganze Nacht lang nach der kleinen Maus.
   Die ganze Nacht lang suchte Herr Einstein nach der kleinen Maus.
   Nach der kleinen Maus suchte Herr Einstein die ganze Nacht lang.
   Suchte Herr Einstein die ganze Nacht lang nach der kleinen Maus?

6. Herr Einstein war am nächsten Morgen sehr müde und launisch.
   Am nächsten Morgen war Herr Einstein sehr müde und launisch.
   Sehr müde und launisch war Herr Einstein am nächsten Morgen.
   War Herr Einstein am nächsten Morgen sehr müde und launisch?

Lösungsblatt Satzumstellung — AB 4, Stufe 1 und 2

1. Ärzte untersuchen Patienten.
2. Erzieher betreuen Kinder.
3. Polizisten jagen Diebe.
4. Lehrer unterrichten Schüler.
5. Gärtner gießen Blumen.
6. Bauern melken Kühe.
7. Angler fangen Fische.
8. Tierpfleger füttern Elefanten.

Lösungsblatt Satzumstellung — AB 5, Stufe 1 und 2

1. An Bäumen hängen Äpfel.
2. Menschen reden mit Hunden.
3. Auf Köpfen sprießen Haare.
4. Kinder spielen mit Bällen.
5. Menschen arbeiten an Computern.
6. Über Flüsse führen Brücken.
7. Aus Eiern schlüpfen Küken.
8. In Töpfen wachsen Blumen.

Der Fahrraddiebstahl

Gestern war ich bei Pascal zu Hause.

Zusammen mit ihm habe ich Computer gespielt.

Als es dunkel wurde, wollte ich mit meinem Fahrrad nach Hause.

Vor Pascals Haustür hatte ich mein Fahrrad angeschlossen.

Aber mein Fahrrad war nicht mehr da.

Wahrscheinlich wurde mein Fahrrad von einem Dieb gestohlen.

Überall suchte ich nach meinem Fahrrad.

Noch am selben Tag gingen ich und Pascal zur Polizei.

Dort habe ich eine Anzeige aufgegeben.

Weil ich kein Fahrrad mehr habe, muss ich nun zu Fuß gehen.

Lösungsblatt Schüttelsätze — AB 1, Stufe 1 und 2

1. *Frau Krumbiegel ist die Lehrerin der Klasse 6a.*
2. *Herr Einstein unterrichtet am liebsten Mathematik.*
3. *In der Klasse 6a gibt es vier Mädchen und sechs Jungen.*
4. *Heute hat die Klasse Sport bei Herrn Pfiff.*
5. *Mohamed und Ole spielen in der Pause zusammen Fußball.*
6. *Am Schulkiosk kauft Lena drei Brötchen mit Käse und Salami.*

Lösungsblatt Schüttelsätze — AB 2, Stufe 1

1. Jeden Freitag ist Teenie-Disco im „Blubb“.
2. Lena, Mandy und Jule treffen sich um sechs am Bahnhof.
3. Wegen einer Erkältung muss Jenni zu Hause bleiben.
4. Mohamed und Pascal warten vor dem Eingang.
5. Drinnen spielt der DJ die ersten Songs.
6. Matze wünscht sich beim DJ sein Lieblingslied.
7. Kevin tanzt zu einem coolen Hip-Hop-Song.

Lösungsblatt Schüttelsätze — AB 3, Stufe 1 und 2

1. Ole fährt gerne Skateboard.
2. Oft gehen Lena und Jenni zusammen in die Disco.
3. Mandy ist Mitglied der freiwilligen Feuerwehr.
4. Den ganzen Nachmittag spielt Jule am Computer.
5. An seinem Schlagzeug übt Felix regelmäßig.
6. Jedes Wochenende fährt Frau Krumbiegel mit der Achterbahn.
7. Für seine Gäste backt Herr Einstein gerne Kekse und Kuchen.
8. Kevin und Mohamed spielen zusammen im Fußballverein.

Das Konzert

1. Lena und Mandy finden die Sängerin Katy Sherry toll.
2. Sie haben Karten für das Konzert in Hamburg.
3. Seit Wochen sind sie deswegen aufgeregt.
4. Sie kennen alle Songs von Katy Sherry.
5. Zum Konzert dürfen sie alleine mit der Bahn fahren.
6. Mandys Eltern holen sie mit dem Auto vom Konzert ab.
7. Das Konzert werden sie niemals vergessen.

Lösungsblatt Schüttelsätze AB 4, Stufe 2

Das Konzert

1. Lena und Mandy haben viele Lieblingsstars.
2. Zurzeit finden sie die Sängerin Katy Sherry toll.
3. Lenas Eltern besorgten Karten für das Konzert in Hamburg.
4. Lange haben die Mädchen ihr Taschengeld dafür gespart.
5. Seit Wochen sind sie deswegen sehr aufgeregt.
6. Lena und Mandy kennen alle Songs von Katy Sherry.
7. Jeden Nachmittag üben sie bei Lena Karaoke.
8. Für das Konzert haben sich beide neue Klamotten gekauft.
9. Sie dürfen alleine mit der Bahn nach Hamburg fahren.
10. Abgeholt werden sie von Mandys Eltern.
11. Niemals werden sie das Konzert vergessen.

American Football

1. Football ist in den USA sehr beliebt.
2. Zwei Mannschaften spielen gegeneinander.
3. Zu jeder Mannschaft gehören elf Spieler.
4. Der eiförmige Lederball muss in die gegnerische Endzone.
5. Die Spieler dürfen mit dem Ball laufen oder ihn werfen.
6. Körperliche Angriffe sind erlaubt.
7. Alle Spieler tragen eine gute Schutzausrüstung.
8. Die Mannschaft mit den meisten Punkten gewinnt das Spiel.
9. Ein Spiel dauert insgesamt 60 Minuten.

Das verlorene Handy

1. Um sieben Uhr klingelte das Handy neben Jules Bett.
2. Am Bahnhof schaute sie auf ihrem Handy nach der Uhrzeit.
3. Dann hörte sie im Zug damit Musik.
4. In der Schule schaltete sie das Handy aus.
5. Sie legte das Handy unter ihre Sportsachen.
6. Auf dem Schulhof blieb das Handy aus.
7. Nach dem Sportunterricht gingen Jule und Mandy zu einem Eiscafé.
8. Dort hängte Jule ihre Sporttasche über einen Stuhl.
9. An der Bushaltestelle wollte Jule ihren Freund anrufen.
10. Doch das Handy war nicht mehr bei ihren Sportsachen.

Lösungsblatt Satzergänzung — AB 2, Stufe 1 und 2

Im Kletterpark

1. Im Kletterpark treffen sich alle vor dem Eingang.
2. Herr Einstein führt die Klasse in den Wald.
3. Es hängen Seile zwischen den Bäumen.
4. Jenni balanciert auf dem Seil.
5. Frau Krumbiegel purzelt in das Gras.
6. Kevin klettert an einem Felsen.
7. Philipp springt von einer Leiter.
8. Er fällt auf eine Matte.
9. Jule und Mandy warten auf einer Bank.
10. Felix und Mohamed stehen vor einem Kiosk.

Lösungsblatt Satzergänzung — AB 3, Stufe 1 und 2

Ein Tag bei Herrn Einstein

Um fünf Uhr früh klingelt bei Herrn Einstein der Wecker.

Jeden Morgen rasiert sich Herr Einstein.

Nach dem Frühstück fährt Herr Einstein mit dem Auto zur Schule.

In der Hofpause trinkt er einen Kaffee.

Mittags isst Herr Einstein Suppe in der Cafeteria.

Nach der Schule fährt er einkaufen.

Nachmittags kontrolliert er zu Hause Klassenarbeiten.

Nach dem Abendbrot schaut Herr Einstein Fernsehen.

Vor dem Schlafen liest Herr Einstein ein Buch.

Um zehn Uhr abends geht er zu Bett.